MES PREMIERS

PAS DANS LA

JUNGLE D'INTERNET

Ambre Montfort

Version originale - Publication indépendante

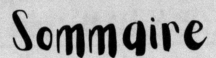

Sommaire

Pub, spam phishing et virus

Lucas et Léna, deux frères et sœurs inséparables, alors qu'ils naviguent sur l'ordinateur familial, découvrent une montagne de publicités dans la **boîte mail**. Parmi celles-ci, une attire particulièrement leur attention : une offre pour un téléphone gratuit.

- Ça tombe à pic, je vais pouvoir l'offrir à maman qui a cassé le sien hier. S'exclame Lucas, les yeux brillants d'excitation.

Sans une seconde d'hésitation, il clique sur le lien, rêvant déjà de la surprise qu'ils feront à leur mère. Mais à peine a-t-il cliqué que l'écran se met à afficher une cascade de **publicités indésirables**. Lucas et Léna se regardent paniqués, réalisant que quelque chose ne va pas, comprenant qu'un **virus** vient de s'installer sur leur ordinateur.

Les deux enfants, désemparés, ne savent pas quoi faire. Les publicités continuent d'apparaître, rendant **l'ordinateur inutilisable**.

Avec courage, ils vont trouver leur père, expliquant ce qui s'est passé. Plutôt que de se fâcher, leur père les rassure et les félicite d'être venus le voir.
Ensemble, ils se mettent au travail pour **nettoyer l'ordinateur**.

Le papa de Lucas et Léna leur montre comment lancer un **scan antivirus** afin d'éradiquer l'**adware**.

Il leur explique :

> - Un virus informatique, c'est un peu comme un rhume mais pour les ordinateurs, il peut le rendre

"malade" en le faisant **dysfonctionner**, en **supprimant** des fichiers ou en le **ralentissant**. C'est pourquoi il est important d'avoir un "médecin" pour l'ordinateur, qu'on appelle un antivirus, pour l'aider à rester en bonne santé.

Le père leur montre comment supprimer les **spams** de la boîtes mail, bloquer les expéditeurs **suspects** et leur explique comment reconnaître les publicités trompeuses :

- Sur Internet, les pubs apparaissent comme des images ou des vidéos, avant ou pendant que tu regardes quelque chose ou visites un site web. Si une publicité dit qu'un certain dentifrice, va pouvoir te faire voler comme un super-héros.

Ça semble incroyable, n'est-ce pas ? Mais dans la vraie vie, aucun dentifrice ne peut te faire voler. Si quelque chose semble **trop beau pour être vrai**, c'est probablement parce que ce n'est pas vrai.

Le père leur enseigne également l'importance de ne pas cliquer sur des **liens douteux**, au risque de tomber sur un virus ou un phishing.

- Mais alors un **phishing** c'est quoi papa ?

- Phishing, c'est un mot anglais qui signifie "pêche", et c'est un peu comme quand quelqu'un essaie de **pêcher des informations** sur toi en te faisant croire qu'il est quelqu'un d'autre.

Devant l'air dubitatif des enfants, le père continue ses explications.

- C'est comme si quelqu'un se déguisait en ton super-héros préféré pour te demande ton adresse ou le nom de ton école. Sur Internet, des **personnes mal intentionnées** envoient des emails ou des messages qui semblent venir de vraies personnes ou entreprises pour essayer de te tromper, obtenir tes informations personnelles ou te **voler de l'argent**. C'est très important de ne jamais partager tes informations si tu n'es pas sûr à 100%.

Fraude
en ligne

Léa adore suivre les dernières tendances de la mode. C'est en naviguant sur son **réseau social** préféré, qu'elle tombe sur une **publicité** pour des chaussures qui semblent parfaites : élégantes, colorées et incroyablement à la mode. Enthousiasmée à l'idée de les posséder, elle réussit à convaincre sa mère d'utiliser sa carte de crédit. Léa la remboursera avec son argent de poche.

Elle clique sur l'annonce, qui la **redirige vers un site web** brillant et rempli de promesses de qualité et de style.

Elle complète ses **informations personnelles** et commande les chaussures tant désirées.

La confirmation de commande promet une livraison sous 2 à 4 jours.

Les jours passent, puis les semaines, et chaque jour Léa court à la boîte aux lettres, espérant y trouver son précieux colis, mais il ne vient pas.

Au bout de deux semaines, toujours **sans nouvelles** de ses chaussures, elle commence à s'inquiéter et en parle à sa mère.

Elles retournent ensemble alors sur le site pour contacter le service client, mais découvrent à leurs grands désarrois que le **site n'existe plus**.

- Ma chérie je pense que tu es tombée sur un faux site internet. Je vais t'apprendre à vérifier la **fiabilité des sites** sur lesquels tu souhaites acheter afin d'éviter les pièges à l'avenir :

- Avant d'acheter, cherche des avis sur le site ou le vendeur dans un moteur de recherche.
Si les avis sont majoritairement négatifs ou inexistants, il vaut mieux éviter d'y partager tes informations personnelles et bancaires. D'ailleurs il existe des plateformes en ligne qui permettent d'évaluer la fiabilité des sites web.

- Méfie-toi **des offres** comme des prix anormalement bas.

SUPER DEAL

Promo -80%

LIMITED OFFER

13

Si une offre semble trop belle pour être vraie, il y a de grandes chances qu'elle ne le soit pas.

- Assure-toi que l'adresse du site commence toujours par "**https**", avec un **petit cadenas** à côté, ce qui indique une connexion sécurisée.

🔒   https://w

- Enfin, il vaut mieux éviter les **redirections de site** internet et directement chercher le site dans ton moteur de recherche .

Léa écoute attentivement les conseils de sa mère et réalise qu'elle n'avait pas pris ces précautions. Elle se promet de les suivre à l'avenir pour éviter de retomber dans un tel piège.

Ensemble elles font opposition sur la carte de crédit craignant que les informations bancaires partagées sur le site ne soient réutilisées pour d'autres achats frauduleux.

Puis elles déclarent le site frauduleux sur la plateforme gouvernementale de **signalement des contenus illicites** de l'internet.

En faisant cela, elles ont non seulement aidé à protéger les autres, mais contribuent également à **rendre Internet un peu plus sûr.**

Léa ne retrouva jamais l'argent de ses chaussures, mais une chose est sûre, elle ne se fera plus jamais avoir.

Données personnelles

À l'école, un sujet brûlant anime toutes les conversations, un nouveau **jeu en ligne**, "L'Île Enchantée", dont tous ses camarades ne cessent de parler. Ils évoquent des aventures épiques, des trésors cachés et des mystères à résoudre. Lou, ne voulant pas être laissée pour compte, décide qu'elle aussi explorera cet univers fantastique.

Après les cours, Lou s'installe à son bureau, allume son ordinateur et se rend sur le site du jeu. L'écran d'inscription lui demande de remplir plusieurs **informations** :

nom, prénom, date de naissance, adresse, et numéro de téléphone.

Chaque champ rempli la rapproche de l'aventure.

Vient ensuite le moment de choisir un **mot de passe**. Lou prend un moment pour réfléchir à un mot de passe à la fois facile à retenir pour elle, mais difficile à deviner pour les autres.

Cependant, alors qu'elle va valider son inscription, Alba entre dans la chambre.

Sa grande sœur, qui a un peu plus d'expérience avec internet, lui demande ce qu'elle fait.

Lou, enthousiaste, partage son désir de rejoindre "L'Île Enchantée" pour jouer avec ses amis. Mais à la mention des **informations personnelles** qu'elle s'apprête à partager, Alba fronce les sourcils.

> - Attends, Lou. Es-tu sûre que c'est sécurisé de donner toutes ces informations sur internet ?
> demande Alba, préoccupée.

Lou s'arrête, réalisant qu'elle n'avait pas pensé **aux risques.**
Alba lui explique alors l'importance de protéger ses données personnelles en ligne, surtout sur des sites de jeux.

Guidée par sa sœur, Lou modifie ses informations, ne partageant que ce qui est **absolument nécessaire** et en utilisant un **pseudonyme**.

Civilité *   ○ Mme.   ○ M.

Nom *

Prénom *

Adresse email *

Confirmer adresse email *

Date de naissance   JJ/MM/AAAA

Téléphone *   Téléphone mobile

et / ou

Téléphone fixe

Adresse *   ex . 12 rue Jean Jaurès

Complément d'adresse

Bât   Esc.   Etage   Porte

Pays *   France

Code postal *   ex : 75015

Ville *

- Il faut éviter les pseudos qui donnent des informations personnelles comme Alba-de-Lyon ou Alba69.

Elle lui montre comment créer un **mot de passe solide.**

- Il doit être différent sur chaque site où tu t'inscris.

Devant l'air interrogateur de sa sœur, elle continue ses explications :

- Imagine que chaque site internet est comme une maison où tu gardes des secrets.
Si toutes les maisons avaient la même **clé**, quelqu'un qui trouverait cette clé pourrait entrer dans toutes tes maisons et découvrir ce que tu y caches.
C'est pour cela qu'on utilise une clé différente, ou un mot de passe différent, pour chaque maison, c'est pour garder tes secrets en sécurité.

- Si quelqu'un apprend un de tes mots de passe, il ne pourra entrer que dans un seul site internet.

Ensemble, elles choisissent un **mot de passe fort de 12 caractères, combinant lettres minuscules et majuscules, chiffres, et symboles** (%&@ # $).

E-mail

Mot de passe   Mot de passe oublié ?

fgBS@me6iop2

Se connecter   Nouveau client ? S'inscrire →

Grâce aux conseils de Alba, Lou peut s'inscrire en toute sécurité. L'Île Enchantée s'ouvre à elle, pleine de promesses d'aventures.

24

BAD BUZZ

Jules et ses amis sont des passionnés de dessin, un jour ils décident tous de partager leurs œuvres sur un **réseau social** pour recevoir des avis.

Jules poste son dessin préféré, un magnifique dragon coloré volant au-dessus d'un château. Il attend avec impatience des commentaires constructifs. Mais au lieu de cela, il reçoit un commentaire moqueur d'un **utilisateur inconnu** qui critique son travail.

Jules, blessé mais résolu, répond agressivement pour défendre son art.

Le lendemain, Jules découvre que son échange avec l'utilisateur a été **partagé sur d'autres réseaux sociaux**. Des personnes qu'il ne connaît pas commencent à se moquer de lui et de son dessin.

Jules se sent triste et honteux, réalisant que sa réponse impulsive a attiré plus d'attention négative.

Sa mère, en voyant son chagrin, s'assoit avec lui pour discuter de ce qu'il s'est passé. Elle lui explique que sur internet, tout ce qu'on dit peut être vu par beaucoup de personnes et que, une fois partagé, on ne contrôle plus comment cela sera **utilisé ou interprété.**

Elle lui conseille d'ignorer les **commentaires négatifs** ou de répondre calmement sans émotion.

- Il faut toujours respecter les autres, même face à la critique.

Grâce à l'aide de sa mère, il apprend à ne pas se laisser affecter par les remarques d'inconnus.

Contenu inapproprié

Une jeune fille nommée Jade revient de l'école avec un **mot mystérieux** qui trotte dans sa tête, entendu près du préau. Un mot qui semble danser et rebondir sur les murs de la cour de récréation. Curieuse, Jade se hâte de rentrer chez elle pour découvrir ce que signifie ce terme énigmatique.

Une fois à la maison, elle dépose son sac avec empressement et allume son ordinateur. Ses doigts volent sur le clavier, tapant le mot mystérieux dans le **moteur de recherche.** Le cœur de Jade bat la chamade, excitée à l'idée d'obtenir des réponses à ses interrogations.

Mais alors que les résultats de recherche commencent à s'afficher, quelque chose d'inattendu se produit. Au lieu des explications qu'elle espère, l'écran affiche un contenu tout à fait **inapproprié** pour ses jeunes yeux. Jade est prise de panique, un cri d'effroi s'échappant de ses lèvres.

Dans une autre pièce, ses parents, affairés à tout autre chose, entendent soudain le cri perçant de leur fille. Sans perdre une seconde, ils se précipitent dans la chambre de Jade. Ils la trouvent devant l'ordinateur, les yeux écarquillés et le visage pâle.

Sans hésiter, ils éteignent l'écran et
prennent Jade dans leurs bras, tentant
de la réconforter avec des mots doux et
rassurants.

- Parle-nous, ma chérie, qu'est-ce
qui se passe ? demande
doucement sa mère.

Avec des sanglots dans la voix, Jade raconte comment sa quête de savoir l'a conduite sur un chemin terrifiant.

Ses parents l'écoutent avec attention, réalisant l'importance de guider et protéger leur enfant dans le vaste monde numérique.

- Nous allons apprendre ensemble comment naviguer sur internet de **manière sûre.**

Elle commença par disposer les ordinateurs et tablettes dans le salon, en se disant qu'au moins sa fille ne sera plus seule derrière son écran.

Elle montra à Jade comment se servir d'un moteur de recherche, notamment des spéciaux **dédiés aux enfants**.

Elle conseilla également des pages web intéressantes, **adaptées à l'âge** de la fillette comme des jeux éducatifs.

Elle connaît bien sa fille, elle savait que les **mini tests** sur la géographie lui plairaient bien, car c'est sa matière préférée.

- Regarde il y a plein de jeux : des cherche et trouve, des jeux de mémoire, de rapidité, on pourrait y jouer ensemble ?

Jade était contente de passer du temps avec ses parents, car au fond c'est ce qu'elle désirait le plus.

Amis Virtuels

Théo est un garçon passionné par les jeux vidéo. Il passe souvent du temps sur des plateformes **de jeu en ligne**, un endroit magique où il peut explorer, construire et partir à l'aventure avec ses amis.

Un jour, alors qu'il navigue sur le **forum** de discussion, une notification de **demande d'ami** clignote à l'écran. C'est Charles, un camarade de classe. Du moins, c'est ce que le **message** laisse penser.

Théo ressent une vague d'excitation. Une surprise ? De la part de Charles ?

Rendez-vous à la sortie
de l'école, au coin de la
rue dès que la sonnerie
de 4h retentit

Il ne faut pas le dire à
tes parents, car c'est
une surprise !

Il se demande ce que cela pourrait bien être. Peut-être a-t-il trouvé un nouveau jeu ?

La curiosité de Théo est piquée au vif, mais la mention de ne pas en parler à ses parents le fait hésiter. Sa maman lui a toujours dit que les secrets peuvent être amusants, mais qu'il faut être prudent, surtout lorsqu'ils concernent des **rendez-vous en dehors de l'école**. Il est important que maman et papa sachent où je suis, se dit Théo. Si c'est vraiment une surprise agréable, je suis sûr qu'ils voudront m'aider à la garder.

Théo va voir ses parents et leur raconte tout sur le message. Ses parents l'écoutent attentivement, puis décident de **vérifier l'identité** de ce prétendu Charles.

Ils appellent ses parents, qui sont surpris par cette histoire. Non, Charles n'a pas envoyé ce message.

Il s'agit donc d'une personne se faisant passer pour lui.

Théo est à la fois déçu et soulagé. Déçu de ne pas avoir de surprise, mais soulagé d'avoir évité une situation potentiellement **dangereuse**. Ses parents le félicitent pour la prudence dont il a fait preuve.

Dès le lendemain, ses parents déposent une main courante auprès des services de **police** en présentant des captures d'écran des messages de cet individu suspect.

Il préviennent l'école qui renforce les directives de **sécurité en ligne** auprès des élèves. Ils signalèrent également l'incident à la plateformes qui désactive le faux compte et met en place des **restrictions d'utilisation** pour empêcher cet utilisateur d'interagir avec Théo.

Enfin le père sous les conseils des policiers coupa la **géolocalisation** sur tous les appareils numériques de la maison en lui expliquant que sur internet on peut facilement **masquer son identité** et prétendre être celui que l'on n'est pas.

Il l'encourage à se questionner systématiquement :

- Qui se cache derrière ton écran ?
Et pour quoi faire ?

Il partage également de bonnes pratiques de cyber sécurité, comme de ne jamais **utiliser la caméra** lorsqu'il est seul devant son écran et de ne pas emporter les appareils dans la salle de bain ou les toilettes.

Le père se promis qu'à partir de maintenant, il se tiendrait plus **informé** des sites et outils utilisés par les enfants et des risques associés.

INFOX

Jean aime l'école... mais adore encore plus les vacances ! Un après-midi, alors qu'il **discute en ligne** avec un ami, il reçoit une nouvelle qui semble trop belle pour être vraie :

> Pas d'école demain

- Quelle bonne nouvelle ! s'exclame Jean, les yeux pétillants d'excitation.

Il réfléchit déjà à comment il va utiliser cette après-midi : un marathon de jeux vidéo !

Après tout, il aura tout le temps le lendemain pour s'attaquer à ses devoirs et réviser ses leçons.

La journée passe dans une bulle de joie et d'**aventures virtuelles**.

Jean est le roi de son propre **royaume numérique**, vainquant dragons et explorant des mondes lointains **depuis le confort de sa chambre**.

Cependant, la réalité le rattrape au dîner, quand ses parents lui demandent:

- As-tu préparé ton sac pour demain ? Peux-tu nous réciter ta leçon ?

Sûr de lui, Jean répond avec un sourire :

- Il n'y a pas école demain !

Mais ses parents, loin d'être convaincus, lui expliquent qu'ils auraient été **informés** par l'école si tel avait été le cas. Jean sent son cœur s'alourdir.

La réalité de sa situation commence à s'imposer à lui : non seulement il y a école demain, mais il n'a pas touché à ses devoirs et encore moins révisé pour l'interrogation prévue.

Avec le moral en berne, il monte se
coucher, réalisant qu'il n'a plus le temps
de réviser.

Le lendemain, à l'école, l'interrogation
est aussi difficile que Jean l'avait craint.

Chaque question le plonge un peu plus dans l'embarras, chaque réponse incertaine creuse davantage son inquiétude.

Quand les notes sont rendues, le résultat est sans appel : Jean a échoué. Ses parents parlent alors avec Jean de l'importance d'**éveiller son esprit critique**, de toujours douter de ce que

l'on trouve sur internet et de **vérifier**
les informations.

Sa maman lui donne une bonne astuce,
rechercher l'information inverse dans un
moteur de recherche pour comparer les
résultats. Elle lui apprend également à
évaluer la qualité d'un contenu : un
site internet fiable cite ses sources
d'informations, permettant de vérifier
les faits.

FAKE NEWS

Rose, une écolière passionnée par l'astronomie adore partager des faits étonnants sur les étoiles et les planètes avec ses amis en ligne.

Lors d'une **discussion sur son forum** d'astronomie préféré, Rose partage une **histoire** qu'elle a **inventée** sur une découverte d'une nouvelle planète, en prétendant que c'est vrai pour rendre l'histoire plus excitante.

Son récit décrit une planète où les roches sont roses et les rivières coulent à l'envers. Elle la décrit si bien que beaucoup de membres du forum y croient et commencent à **partager l'information** sur d'autres réseaux sociaux.

Au début, Rose trouve cela amusant de voir son histoire se répandre.

Mais très vite, des experts en astronomie commencent à démentir la "découverte", créant de la confusion et du scepticisme parmi les vrais passionnés du forum.
De nombreuses personnes lui demande des comptes. Certains membres sont frustrés et se sentent trompés, ayant cru et partagé une **fausse information**.

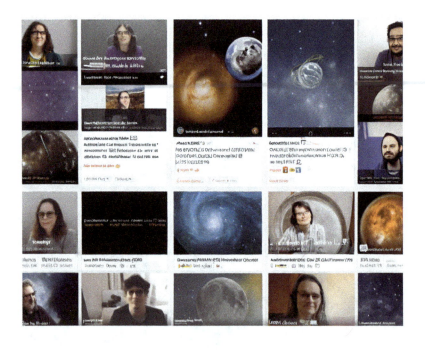

Un modérateur du forum contacte Rose pour discuter de la **fake news** qu'elle a diffusé.

Il lui explique qu'il est crucial de clarifier quand quelque chose est fictif, surtout dans un espace où les gens viennent chercher des faits vérifiés.

Il lui montre l'importance de l'**intégrité** de l'information en ligne et de comment son histoire a semé le doute et perturbé la communauté.

Rose s'excuse auprès du forum en expliquant que son histoire a eu un **impact bien au-delà de ses intentions initiales.**

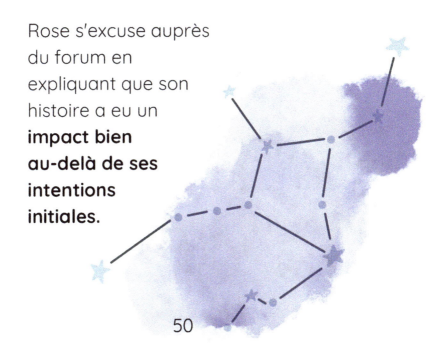

Elle promet à l'avenir de marquer **"invention"** pour clairement distinguer la réalité de la fiction.

Elle réalise que ce qu'on dit sur internet peut rapidement **échapper à notre contrôle** et affecter sa confiance, sa crédibilité mais aussi celle de toute une communauté en ligne.

E-REPUTATION

Arthur est un garçon audacieux,
toujours prêt à relever un défi, surtout
devant ses amis.
L'école bourdonne encore des exploits
de Victor, qui a partagé une vidéo de
ses acrobaties, accumulant des **likes**
sur les **réseaux sociaux**.

Gabriel, l'un des amis de Arthur, a une
idée pour attirer encore plus
l'attention.

> - Tu devrais faire l'équilibre sur la
> rambarde, ça va impressionner
> tout le monde !

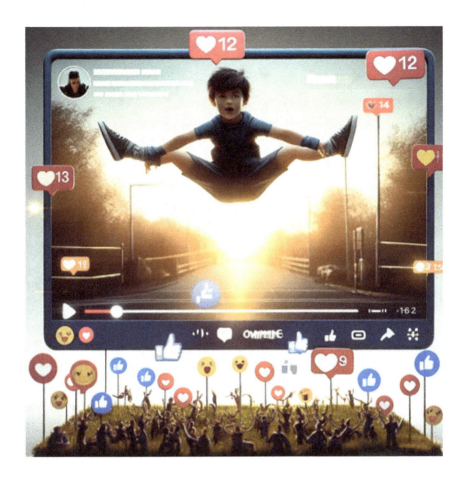

- Allez ! Je te filme avec mon téléphone.

Autour d'eux, un petit groupe d'élèves se forme, leurs voix s'élevant en un chœur d'encouragements. La pression de ne pas paraître peureux devant ses amis pousse Arthur vers la rambarde.

Avec un sourire confiant, il grimpe et,
sous les acclamations de ses
camarades, lève les bras hauts, saluant
la foule comme un artiste sur scène.
Mais l'instant d'après, le drame se
produit.

Arthur perd l'équilibre et tombe de tout son long, un cri de douleur s'échappant de ses lèvres alors qu'il se tient le bras, visiblement blessé. Les rires et les applaudissements se transforment en **exclamations de peur**. Des professeurs accourent pour aider Arthur et appellent une ambulance.

À l'hôpital, le diagnostic tombe : une fracture au bras.

Arthur, le cœur lourd, réalise que son désir d'impressionner ses amis l'a mis en **danger**. Ses parents lui rappellent l'importance de ne pas céder à la pression des pairs et que le **respect de soi** est bien plus important que de brèves acclamations.

Gabriel et les autres s'excusent auprès d'Arthur, réalisant leur part de responsabilité dans l'accident.

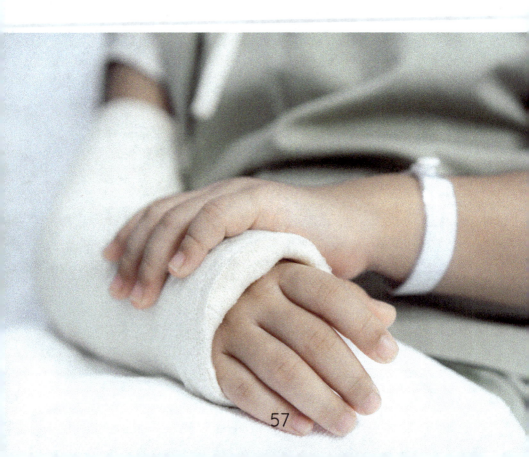

Durant les semaines de rétablissement, Arthur a beaucoup de temps pour réfléchir. Il comprend que la vraie bravoure n'est pas de prendre des risques inutiles pour gagner l'approbation des autres, mais de savoir quand **dire non**. L'impression la plus durable qu'on peut laisser est celle du courage de **rester fidèle à soi-même**, et non celle d'actes téméraires.

Achats non autorisés

Emma adore jouer sur la **tablette** de ses parents.

59

Ses jeux préférés sont ceux où elle peut décorer des maisons et habiller des personnages.
Un après-midi, alors qu'elle jouait à son jeu favori, "Village Arc-en-ciel", elle vit un pack de décoration "Licorne Magique" pour sa maison dans le jeu. Intriguée et excitée par l'idée d'avoir des décorations de licorne, Emma cliqua sur l'offre.

Le jeu lui demanda simplement de **confirmer son achat** avec un gros bouton "OK".

Ne réalisant pas qu'elle utilisait la carte de crédit de ses parents, Emma appuya joyeusement sur le bouton pour obtenir le pack de décorations.

Le lendemain, quand sa mère vérifia ses mails, elle découvrit un **reçu pour un achat** de 50 euros dans "Village Arc-en-ciel".

Surprise, elle alla parler à Emma, lui demandant si elle savait quelque chose à propos de cet achat.
Emma, ne comprenant pas vraiment la gravité de la situation, montra fièrement à sa mère sa maison décorée avec les nouveaux objets de licorne.

- Cliquer sur OK dans le jeu signifiait utiliser de l'**argent réel** pour acheter ces **décorations virtuelles**.

Devant l'air surpris de sa fille, elle prit un moment pour lui expliquer la valeur de l'argent et l'importance de demander la **permission** avant de faire des **achats en ligne**.

Pour s'assurer que cela ne se reproduise pas, la mère d'Emma décida de mettre en place des **contrôles parentaux** sur la tablette, limitant la possibilité de faire des achats sans son autorisation.

Cyber
Harcèlement

François aime la mer, lors des vacances en famille, il s'amuse comme jamais, construisant des châteaux de sable et plongeant dans les vagues sous le soleil radieux.

Son père, fier de ces moments joyeux, capture ces instants en photo, les partageant sur son **réseau social** pour ses proches. Du moins, c'est ce qu'il pense, car le compte est en réalité configuré en **public** et donc **accessible** à tous. Parmi ces images, une photo de François en maillot de bain sur la plage fait rapidement le tour de son collège

Certains élèves l'utilisent pour se moquer de son physique. Circulant de téléphone en téléphone, **republiée** sur un blog avec de nombreux commentaires rabaissant.

De nombreux élèves qu'il ne connait pas le **contact sur ses réseaux** pour se moquer de lui.

Certains le contact sur son téléphone la nuit pour lui faire peur. Son adresse circulant sur internet, des jeunes s'amusent à **sonner chez lui** et s'enfuient.

Les jours suivants, en allant en classe, François sent tous les **regards rivés** sur lui. Les couloirs, autrefois lieux de rencontres amicales, sont devenus des tunnels d'angoisse, où chaque pas est une épreuve.

Le **cyber harcèlement** atteint un sommet lorsque François, cherchant refuge dans les toilettes de son collège, découvre des copies de la photo accompagnées d'insultes griffonnées sur les murs.
C'est comme s'il n'y avait aucun endroit où il peut **échapper aux moqueries.**

Heureusement, François n'est pas seul dans cette épreuve, ses vrais amis se rangent à ses côtés. Ils lui rappellent que les moqueries disent bien plus sur ceux qui les profèrent que sur la personne qu'elles visent et que toute cette histoire passera tôt ou tard.

Avec le soutien de ses parents et de ses amis, François trouve le courage de parler à ses professeurs et au directeur de l'école.

Ensemble, ils mettent en place un plan d'action, organisant des ateliers sur le respect, la bienveillance, et les dangers du partage non consenti d'images sur internet, rappelant que c'est **interdit par la loi.**

Ils signalèrent l'incident aux plateformes concernées qui prirent l'affaire très au sérieux :

ils supprimèrent les **contenus**, désactivèrent les **comptes nuisibles** et mirent en place des **restrictions** d'utilisation pour empêcher les utilisateurs d'interagir avec François.

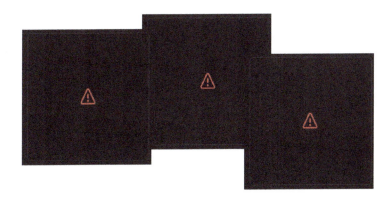

François ne se rendant pas compte de la gravité de la situation tente de dissuader ses parents de contacter les **autorités**.

Son père lui explique alors :

- Harceler un camarade c'est être tout le temps méchant avec lui, en lui disant des petites phrases qui lui font de la peine, en lançant des rumeurs, en lui faisant du chantage ou en le tapant.

Le **cyberharcèlement** c'est la même chose sur Internet, au même titre que le harcèlement, c'est un délit. Lorsque l'on est visé, il faut réagir et faire un **signalement** sur une plateforme dédiée des autorités sinon les élèves, se sentant impunis vont continuer.

Les parents de François, font des signalements auprès des autorités en présentant des **captures d'écran** des publications en guise de preuve, ce qui dissuade les élèves de s'acharner.

Peu à peu, l'ambiance à l'école commence à changer.

Pour s'assurer qu'il ne reste plus rien en ligne, le père de François montre à son fils comment surveiller sa **e-réputation**. Il suffit de taper dans un moteur de recherche son nom et prénom entre guillemets "François Dubois" pour identifier tout ce qui y est associé.

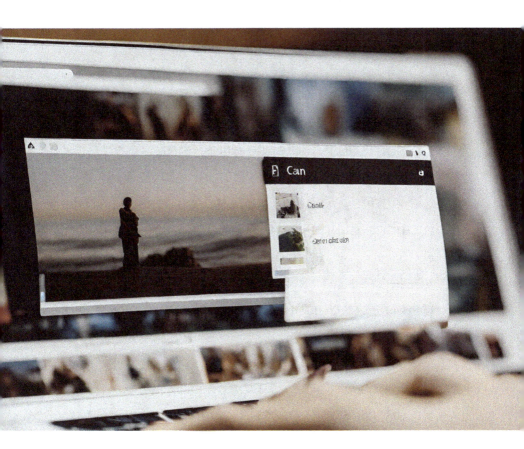

Internet a la mémoire longue

Un samedi matin ensoleillé, Tante Anna garde ses deux neveux, Corentin et Clémence, pour la journée. Après une matinée pleine de jeux et d'activités en extérieur, les enfants décident qu'ils veulent se poser un peu et insistent pour **regarder un dessin animé** avec leur tante.

- Les enfants, je n'aime pas vraiment les dessins animés, je préfère aller lire un livre en attendant que vous regardiez.

Leur explique gentiment Tante Anna,
espérant trouver un peu de calme dans
l'après-midi.

Corentin et Clémence, connus pour leur
malice, ne sont pas prêts à abandonner
si facilement, ils ont une idée.
En un clin d'œil, ils se rendent sur leur
téléphone et naviguent jusqu'au profil
du **réseau social** préféré de leur tante.

Avec un sourire complice, ils reviennent
vers elle quelques minutes plus tard.

> - Tante Anna, c'est écrit ici que tu
> aimes bien, regarde, tu as liké, tu
> ne peux nous faire croire le
> contraire.

Déclare Clémence, pointant du doigt
l'écran où s'affiche un **"j'aime"** que
Anna avait donné à une page de dessin
animé.

Anna, surprise et un peu déconcertée
par leur petite enquête, se met à rire.

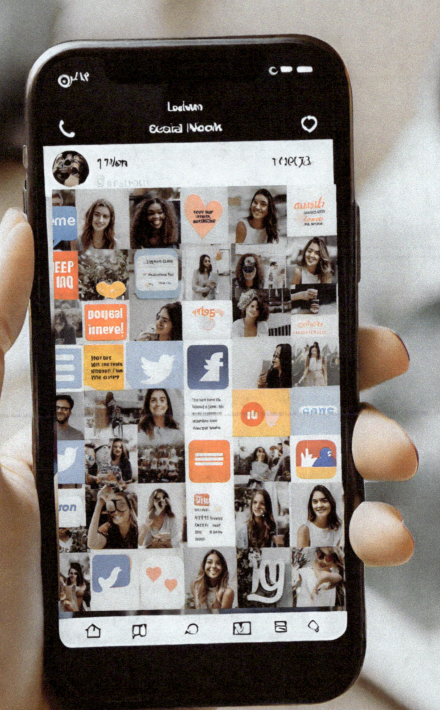

Elle s'assoit avec eux et leur explique comment, **il y a bien longtemps**, elle avait effectivement aimé ce dessin animé, mais que depuis, ses centres d'intérêt ont bien changé.

- Il n'y a ni gomme, ni effaceur sur le web, internet se souvient de tout. Il faut donc bien **réfléchir avant de donner son avis ou publier** quoi que ce soit.

Dit tante Anna qui décide de faire un peu de ménage sur son profil.

Usurpation de compte

Clara, adore dessiner et **partage** souvent ses œuvres sur une **plateforme en ligne** dédiée aux jeunes artistes. Mais un jour, alors qu'elle essaie de se connecter à son compte, Clara découvre qu'elle ne peut plus accéder à son profil.

Plus inquiétant encore, elle remarque que quelqu'un a posté des messages étranges **en son nom**, demandant de l'argent en échange de ses dessins originaux. Clara est dévastée et ne comprend pas comment cela a pu arriver.

Heureusement, son oncle, un expert en sécurité informatique, lui explique que ses informations ont probablement été volées parce qu'elle utilise un mot de passe trop **simple et identique** pour plusieurs comptes : son prénom suivi de son année de naissance.

Son oncle lui montre comment les **cybercriminels** peuvent utiliser des logiciels pour deviner des mots de passe faibles et accéder illégalement à des comptes.

Avec l'aide de son oncle, Clara apprend à créer des mots de passe forts et uniques pour chaque compte, en utilisant une combinaison de lettres majuscules, minuscules, chiffres et symboles.
Il lui conseille d'utiliser un **gestionnaire de mot de passe** pour éviter de devoir tous les retenir par cœur.

Ensemble, ils contactent également le support de la plateforme pour signaler le vol et demander de l'aide pour récupérer son compte. Le support est réactif et aidant, permettant à Clara de reprendre le contrôle de son profil et continuer ses activités d'artiste en toute sécurité.

Cyber chantage

Tom est un grand fan de jeux vidéo. Il aime discuter de ses jeux préférés sur différents **forums et réseaux sociaux**. Il rencontre Alex, un autre jeune gamer sur un forum dédié à son jeu préféré. Alex semble tout savoir sur le jeu et partage beaucoup de conseils et d'astuces avec Tom.

Ils commencent à **jouer en ligne** ensemble, ils parlent de tout : des jeux, de l'école, et même de leurs vies personnelles.

Au bout de quelques mois, Tom se sentant en **confiance**, confie à Alex des détails personnels, comme l'endroit où vit, l'école qu'il fréquente, et même des problèmes familiaux.

Un jour, Alex **change de comportement**. Il commence à demander à Tom de lui envoyer de l'argent pour acheter un nouveau jeu, en promettant de le rembourser.

Lorsque Tom refuse, Alex **menace** de révéler toutes les informations personnelles que Tom lui a confiées.

Tom a peur et ne sait pas quoi faire. Effrayé à l'idée d'être humilié devant tous ses amis, il garde le secret. Mais le chantage ne s'arrête pas là.
Alex lui **demande de plus en plus** d'argent, et Tom se sent de plus en plus piégé.
Il a peur d'en parler à ses parents, craignant qu'ils ne soient déçus ou en colère contre lui. Il se sent seul, avec un secret trop lourd pour ses épaules de jeune garçon.
Jusqu'au jour où Tom craque, les larmes aux yeux, il se confie à son grand frère.

Ensemble, ils décident d'en parler à leurs parents.
Leur père explique que "Alex" pourrait ne pas être qui il **prétend être** et qu'il utilise probablement un faux profil pour manipuler des enfants.

- Les **faux profils** sont courants sur les réseaux sociaux, même si quelqu'un semble amical et partage les mêmes intérêts, cela ne signifie pas qu'il est **fiable**. Il est important de toujours **rester prudent** et de venir m'en parler si tu te sens menacé ou manipulé.

Ils décident de bloquer Alex et de **signaler son profil** au site pour comportement suspect et tentative de chantage.

Ensemble, ils prennent des captures d'écran de tous les messages en guise de preuve et signalent l'incident aux autorités qui prirent l'affaire très au sérieux.

Ils prodiguèrent des conseils de **cybersécurité** de base comme de :

- **Mettre à jour** tous les appareils numériques de la maison afin de prévenir l'accès non autorisé.

- **Changer les mots de passe** de tous les comptes en ligne de Tom et activer l'**authentification à deux facteurs** pour renforcer la sécurité.

- Ils conseillèrent de **ne pas répondre** au chantage, ne pas envoyer d'argent car céder peut souvent aggraver la situation.

Tom devint alors plus vigilant lorsqu'il partage des informations en ligne et décide de garder certains aspects de sa **vie privée**.

Pop up et ransomware

Léo rentre de l'école avec une hâte palpable. Le rituel est toujours le même : il jette son sac dans le coin de sa chambre, attrape un goûter sur le chemin, et se précipite vers l'ordinateur de sa maman, un vieux modèle un peu démodé mais parfaitement fonctionnel pour ses **escapades virtuelles**.

L'écran s'illumine dès qu'il clique sur l'icône de son **jeu vidéo** préféré, "Les Mondes de Meraviglia", un jeu qui mélange habilement l'aventure, la magie et des énigmes complexes.

Ce jeu, c'est son échappatoire, son monde à lui où il est plus qu'un simple écolier; il est un héros, un explorateur, un magicien.

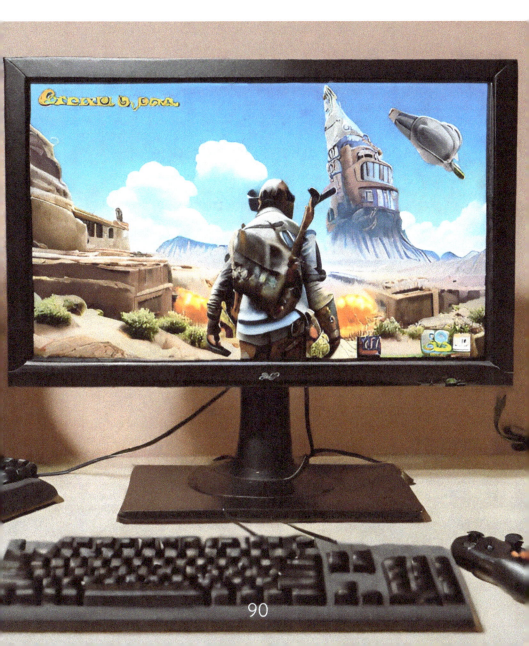

Alors qu'il est plongé dans son jeu vidéo préféré, une fenêtre **apparaît à l'écran**. Elle brille et clignote : Clique ici pour remporter gratuitement le dernier jeu vidéo !

Sans une seconde d'hésitation, Léo clique, poussé par l'excitation de la découverte.
Mais au lieu de la joie, l'écran s'assombrit et affiche un message sinistre demandant une somme d'**argent** pour retrouver l'**accès** à l'ordinateur.

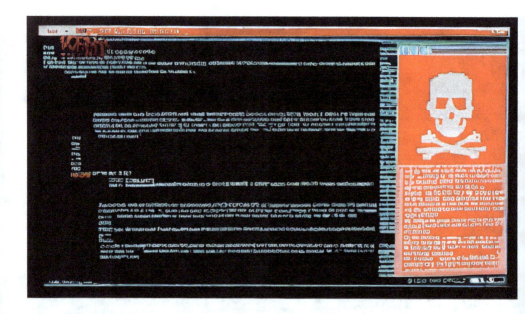

Pris de panique, Léo appelle sa mère, convaincu d'avoir commis l'irréparable. Sa mère, s'approche et lui assure qu'ils vont résoudre le problème ensemble. Elle lui explique alors qu'il a activé un **ransomware**, un logiciel malveillant qui prend en **otage** l'ordinateur.

Main dans la main, ils se lancent sur une tablette à la recherche d'une solution. Ils décrivent dans un moteur de recherche ce qu'il vient de se passer.

- Tu avais cliqué sur un **pop-up** ? interroge la mère.

- Qu'est-ce que c'est ? demande Léo

- Quand tu jouais à ton jeu vidéo, une petite fenêtre est apparue à l'écran sans que tu l'aies demandée. N'est-ce pas ? Cette petite fenêtre, c'est ce qu'on appelle un "pop-up".

Parfois elles peuvent être utiles mais elles essaient souvent de te montrer des publicités ou de te faire cliquer sur quelque chose que tu ne veux pas vraiment. Il est important de savoir que si tu vois un pop-up qui te demande d'entrer des **informations** sur toi ou tes parents comme le numéro de **carte de crédit**, tu ne dois jamais le faire.

C'est comme dire à un inconnu tous tes secrets sans savoir qui il est vraiment. Si tu vois trop de pop-ups ou si certains te semblent bizarres ou te font peur, la meilleure chose à faire est de venir m'en parler avant de cliquer.

Après quelques recherches, ils parviennent à redémarrer l'ordinateur infecté en **mode sans échec** et à éliminer le ransomware grâce à un **anti-virus.**

Une fois l'ordinateur sauvé, Léo promet de naviguer sur Internet avec davantage de prudence à l'avenir et de toujours consulter sa mère **avant de télécharger** quoi que ce soit.

Jeux concours

Alice adore les parcs d'attractions. Un soir, en naviguant sur son **réseau social**, elle voit un **concours** pour gagner des entrées gratuites pour une journée inoubliable d'aventures et de manèges.

Excitée à l'idée de pouvoir gagner ces places et y emmener ses copines, Alice participe au concours, en mettant un **commentaire**, en tagguant deux amies et en partageant la publication, comme demandé.

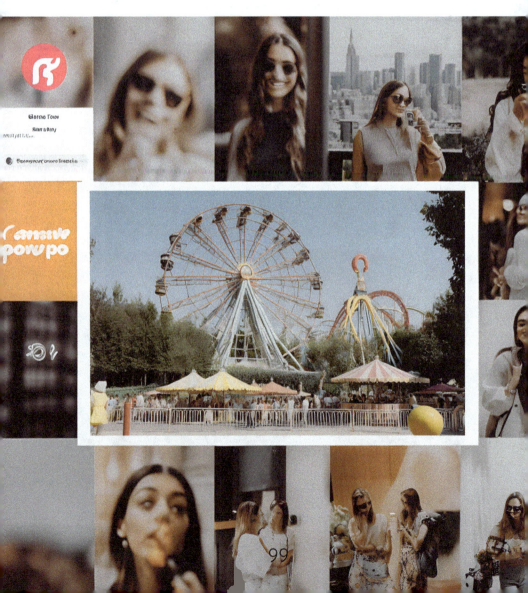

Quelques jours plus **tard**, Alice reçoit un **message privé** d'un compte qui semble être celui du concours.

> Félicitations Alice ! Tu as gagné le concours. Pour recevoir tes billets, il te suffit d'envoyer 4,99€ de frais de port.

Alice est folle de joie et presse ses parents de lui donner la somme. Heureusement, la maman d'Alice, Mélanie, est **prudente**. Elle lui demande de voir le message et le profil.

100

Mélanie remarque quelques détails suspects : le profil n'a que quelques publications et les dates ne correspondent pas à l'ancienneté du concours. Intriguée, elle décide de **vérifier le compte** en cherchant le vrai profil du concours.

Rapidement, elle découvre que le vrai compte a publié un avertissement sur les faux profils qui essaient de tromper les gens.

Mélanie explique à Alice qu'il est important de toujours vérifier **l'authenticité des offres** qu'on reçoit, surtout en ligne.

Elles envoient ensemble un message au vrai compte pour signaler le faux profil.

Alice est déçue de ne pas avoir gagné les billets, mais sa maman lui promet qu'elles planifieront une visite au parc d'attractions bientôt.

Remerciements

Je remercie chaleureusement ma famille
et mes relecteurs

Me suivre

Instagram - Internet.is.a.jungle

Facebook - la.jungle.d.internet

Code ISBN : **9798324159467**

Dépôt légal : **mai 2024**